Alfredo Pedro Encuentra Ortega

MERCVRIVS
ET EIVS FAMILIA DIVINA

PRIMEROS PASOS EN LATÍN

AF175002

PRENSAS DE LA UNIVERSIDAD DE ZARAGOZA

Cualquier forma de reproducción, distribución, comunicación pública o trans-
formación de esta obra solo puede ser realizada con la autorización de sus
titulares, salvo excepción prevista por la ley. Diríjase a CEDRO (Centro Español
de Derechos Reprográficos, www.cedro.org) si necesita fotocopiar o escanear
algún fragmento de esta obra.

© Alfredo Pedro Encuentra Ortega
© De la presente edición, Prensas de la Universidad de Zaragoza
   (Vicerrectorado de Cultura y Proyección Social)
   1.ª edición, 2025

Prensas de la Universidad de Zaragoza. Edificio de Ciencias Geológicas,
c/ Pedro Cerbuna, 12 50009 Zaragoza, España. Tel.: 976 761 330
puz@unizar.es • http://puz.unizar.es

ISBN 979-13-87705-18-3
Impreso en España
Imprime: Servicio de Publicaciones. Universidad de Zaragoza
Depósito legal: Z 517-2025

EGO SVM MERCVRIVS

Nomen mihi Mercurio est. Apud Graecos
Hermes sum. Quis es tu? Ego deus sum. Nam
Iuppiter pater est et Maia mater. Iuppiter et dea
Maia parentes mihi sunt. Parentes dei inmortales
sunt. Nos, dei et deae, semper iuuenes et laeti
sumus. Sed uos, homines, mortales estis. Ego
caducaeum manu sinistra teneo. Pedes quoque
alas habent. Nuntius enim sum. De caelo
descendo et multas terras peragro. Ego quoque
animas in Tartarum duco. Ibi habitat Pluto,
patruus meus. Hic est frater patri meo. Pluto
solus ibi, in Tartaro, sub terra habitat. Nam dei
et deae caelestes in Olympo et in caelo habitant.
Vbi tu habitas? Quid est nomen tibi?

Ecce familia mea. Hi sunt dei deaeque Graecorum Romanorumque

1. Responde ad has quaestiones:

   — Quis est Mercurius?

   — Quis est pater Mercurio?

   — Quis est mater Mercurio?

   — Quid tenet Mercurius manu
   sinistra?

   — Quid habent pedes Mercurii?

   — Quid ducit Mercurius in
   Tartarum?

   — Ubi habitant dei et deae
   caelestes?

   — Ubi habitat Pluto?

   — Ubi est Tartarus?

> **Nota casum et declinationem**
>
> **Casus nominatiuus:** *Ego
> sum Mercurius*
>
> **Casus uocatiuus:** *Mercuri,
> duc animas in Tartarum*
>
> **Casus accusatiuus:** *Dei et
> deae Mercurium me uocant*
>
> **Casus genetiuus:** *Pedes
> Mercurii alas habent*
>
> **Casus datiuus:** *Iuppiter
> caducaeum Mercurio dat*
>
> **Casus ablatiuus:** *Ulixes a
> Mercurio natus est*

2. Hoc est abecedarium Latinum. Hae sunt litterae Romanae.
   Romani litteras ita pronuntiabant (ā = a longa / ă = a breuis)

A B C D E F G H I K L M N O P Q R S T V X Y Z
Ā bē kē dē ē ef guē hā ī kā el em en ō pē qū er ēs tē u ix ü dsēta

I. Reges Olympi

HIC EST IVPPITER

Iuppiter nomen Latinum est. Nomen Graecum Zeus est. Iuppiter magnus deus et rex est. Hic multos filios et multas filias habet. Nam Iuppiter multas feminas et deas amauit. Iuppiter sceptrum dextra manu tenet; fulmen quoque sinistra manu tenet. Iuppiter homines audit et uidet. Iuppiter habitat in monte Olympo cum deis deabusque. Iuppiter nubes glomerat et pluuiam dat. Hic saepe et tonitrum et fulmen de caelo mittit et impios homines castĭgat. Iuppiter aquilas amat. Aquila est auis Iouis.

Nota declinationem:		
Iuppiter: casus nominatiuus	quis?	Iuppiter deus est
Iuppiter: casus uocatiuus		O Iuppiter, audi nos homines!
Iouem: casus accusatiuus	quem?	Romani Iouem colunt
Iouis: casus genetiuus	cuius?	Romani fulmen Iouis timent
Ioui: casus datiuus	cui?	Romani sacrificium Ioui faciunt
Ioue: casus ablatiuus	quo?	Ego, Mercurius, a Ioue natus sum

1. Responde ad has quaestiones:

    — Quis est Iuppiter?

    — Quid glomerat Iuppiter?

    — Quid mittit Iuppiter de caelo?

    — Quid dat Iuppiter?

    — Quid est nomen Graecum Ioui?

HAEC EST IVNO

Huic nomen Graecum Hera est. Iuno magna dea et regina est. Haec sceptrum tenet et coronam auream gestat. Iuppiter et Iuno coniuges sunt. Iuno et soror et uxor Iouis est. Haec mater mihi non est, sed nouerca. Nam dea Maia mater mihi est. Matronae Romanae Iunonem colunt et sacra Iunoni faciunt. Iuno dat nomen mensi Iunio. Romani Mensem Iunium a Iunone dicunt. Iuno pauones amat. Pauo est auis Iunonis.

Nota declinationem:		
Quis est?	nom.	Haec dea est Iuno
Quem deam uides?	acc.	Video deam Iunonem
Cuius est haec corona?	gen.	Haec corona Iunonis est
Cui matronae sacra faciunt?	dat.	Matronae sacra Iunoni faciunt
A qua dea Romani mensem Iunium uocant?	abl.	A Iunone dea Romani mensem Iunium uocant.

2. Responde ad has quaestiones

   — Quid gestat Iuno capite?

   — Quis est Iuno?

   — Quem colunt matronae Romanae?

   — Quid est nomen Graecum Iunoni?

   — Estne Iuno mortalis?

   — Estne Iuno filia Iouis?

   — Qui colunt Iunonem?

   — Dat Iuno nomen mensi Aprili?

Grammatica

1. Verbum *sum / esse*

Personae / Tempus		praesens	imperfectum
sing.	1	s-u–m	ĕr-a-m
	2	ĕ-s	ĕr-ā -s
	3	es-t	ĕr-a- t
plur.	1	s-ŭ-mus	ĕr-ā-mus
	2	es-tis	ĕr-ā-tis
	3	s-ŭ–nt	ĕr-a–nt
infinitiuum: esse			

2. Nota concordantiam:

Iuppiter (masc. sg.) magnus deus et rex inmortalis est / Dei (masc. pl.) magni et inmortales sunt

Iuno (fem. sg.) magna dea et regina est / Matronae (fem. pl.) Romanae Iunonem colunt

Iuppiter multos filios (acc. pl. masc.) et multas filias (acc. pl. fem.) habet

3. Verba et coniugationes: praesens tempus / uox actiua

paradigma		1ᵃ habitā-re	2ᵃ tenē-re	4ᵃ audī-re	3ᵃ col-ĕ-re	5ᵃ facĕ -re (facĭ -)
praesens:	1	habit-o*	tene-o	audi-o	col-o	facĭ-o
	2	habitā-s	tenē-s	audī-s	col-ĭ-s	facĭ-s
	3	habita-t	tene-t	audi-t	col-ĭ-t	facĭ-t
	1	habitā-mus	tenē-mus	audī-mus	col-ĭ-mus	facĭ-mus
	2	habitā-tis	tenē-tis	audī-tis	col-ĭ-tis	facĭ-tis
	3	habita-nt	tene-nt	audi-ŭ–nt**	col-ŭ–nt	facĭ-ŭ-nt

4. Nota concordantiam:

Pluto (3 pers. sg) in Tartaro habita**t** / **Dei caelestes** (3 pers. pl.) in Olympo habita**nt**

Ego (1 pers. sg.) animas in Tartarum duc**o** / **Nos** (1 pers. pl.) semper iuuenes et laeti su**mus**

Tu (2 pers. Sg.), Iuppiter, pluuiam da**s** / **Vos** (2 pers. pl), homines, mortales es**tis**

5. Pronomen interrogatiuum:

Casus	Genus	Marculinum / Femininum	Neutrum
Singulare			
	nom.	quis? / qui?* / quae?	quid? quod?*
	acc.	quem? / quam?	quid? quod?*
	gen.	cuius?	cuius?
	dat.	cui?	cui?
	abl.	quo? / qua?	quo?

*Quis tu es? / Qui deus es tu? Quae dea es tu? /// Quid faciunt? / Quod sacrificium faciunt?

6. Pronomina personalia

Ego (nom.) – me (acc.) – mihi (dat.) – me (abl.)

Tu (nom.) – te (acc.) – tibi (dat.) – te (abl.)

> Ego te uideo / tu me uides
>
> Quid est nomen tibi? / Mihi nomen Mercurio est
>
> Tu mecum es / Ego tecum sum (cum + me / te > mecum, tecum)

7. Nota casum:

Mercurius matrem Maiam amat / Maia mater Mercurium amat

Iuno dea pauonem auem amat / Pauo auis Iunonem deam amat

8. Tres declinationes praecipuae

		1ᵃ	2ᵃ	3ᵃ
Singulare				
	nom.	femină	de-ŭ-s	soror
	acc.	femina-m	de-u-m	sorōr-em
	gen.	femina-e	de-ī	soror-īs
	dat.	femina-e	de-ō	soror-ī
	abl	feminā	de-ō	sorōr-ĕ
Plurale				
	nom.	femina-e	de-ī	sorōr-es
	acc.	femin-ā-s	de-ō-s	sorōr-es
	gen.	femin-ā-rum	de-ō-rum	sorōr-um
	dat./ abl.	femin-īs	de-īs	sorōr-ībus

9. Pronomen demonstratiuum (tria genera: masculinum, femininum, neutrum / numerus singularis et pluralis)

Numerus / Genus		Masculinum	Femininum	Neutrum
Singularis				
	nom.	hĭ-c	ha-e-c	ho-c
	acc.	hun-c*	han-c*	ho-c
Pluralis				
	nom.	hī	hae	haec
	acc.	hōs	hās	haec

10. Aduerbia loci

Ubi habitant dei et deae? / Dei et deae in Olympo habitant (ubi = in Olympo)

Pluto in Tartaro habitat. Ibi animae sunt (ibi = in Tartaro)

10. Nota coniunctiones:

Ego deus sum. Nam Iuppiter pater mihi est (causa)

Nos, dei et deae, semper iuuenes sumus, sed uos, homines, mortales estis (oppositio) / Haec mater mihi non est, sed nouerca.

Pensa

1. Nomina familiae: iunge columnas

Pater et mater sunt	liberi
Filii et filiae sunt	matrona
Mater familiae est	patruus
Frater patris est	coniuges
Uxor et uir sunt	parentes

2. De differentiis: habere / tenere / gestare

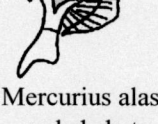

Mercurius alas
pede habet

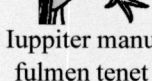

Iuppiter manu
fulmen tenet

Iuno coronam
gestat

3. Comple sententias: habet / tenet / gestat?

— Mercurius caducaeum manu...

— Iuppiter tunicam auream...

— Iuno nigros capillos...

— Iuppiter nigram barbam ....

— Mercurius oculos nigros ....

4. Colo, colĕre. Vide exempla et columnas iunge:

Romani agrum colunt / Matronae deam Iunonem colunt / Homines amicos colunt / Romani litteras colunt

Homo qui agrum colit	colonia
Homo qui nouas terras colit	agricola
Noua ciuitas	cultores
Homines qui colunt	colonus

5. De differentis: duco, ducĕre / mitto, mittĕre

Mercurius animas in Tartarum ducit (Mercurius praecedit et uiam monstrat) / Iuppiter nubes glomerat et pluuiam de caelo mittit (Iuppiter in caelo manet)

6. Comple sententias: duco, ducĕre / mitto, mittĕre?

— Iuppiter fulmen de caelo...(mittit / ducit)

— Haec uia in Olympum..(mittit / ducit)

— Iuppiter Mercurium nuntium de caelo...................(mittit / ducit)

— Mercurius animas in Tartarum...............................(mittit / ducit)

7. Coniuga haec uerba praesenti tempore:

peragro, -āre	do, dāre	habeo -ēre	mitto, -ĕre	dico, - ĕre	uideo, - ēre
1					
2					
3					
1					
2					
3					

8. Concordantia: fac concordantiam sicut in exemplo

Dea inmortalis est / Deae inmortales sunt / Deus inmortalis est / Dei inmortales sunt /

— Iuno regina .... est. (caelestis / caelestes)

— Dei et deae in caelo habitant et semper ... sunt. (iuuenis / iuuenes)

— Mercurius.. est. (iuuenis / iuuenes)

— Homines in terris habitant et .... sunt. (mortalis / mortales)

9. Coniuga uerba Latina et fac concordantiam

— Iuno dea... (sum, esse)

— Nos, dei, inmortales..................................... (sum, esse)

— Dei et deae sceptrum .... (teneo, tenere)

— Deus Iuppiter homines.................................... (castĭgo, castĭgāre)

— Iuppiter fulmen de caelo...................................(mitto, mittĕre)

— Pluto et Proserpina in Tartaro ....(habito, habitāre)

10. Declina haec nomina

numerus	terra	nuntius	frater	uxor	pauo	aquila	filius
singularis							
nom.							
acc.							
gen.	terrae	nuntii	fratris	uxoris	pauonis	aquilae	filii
dat.							
abl.							
singularis							
nom.							
acc.							
gen.							
dat. / abl.							

II. Patrui et amitae (a)

Vesta sedet, non stat

HAEC EST VESTA

Amita mea est, nam soror Iouis est.
Hanc Graeci Hestiam uocant. Vesta
quoque soror Iunonis est. Vesta ignem
et focum seruat. Vesta throno sedet
et manu dextra ramum tenet. Vesta
dea et uirgo est. Haec nec uirum nec
liberos habet. Romani Vestam in foco
domi colebant et templum Vestae in
foro habebant. Ibi uirgines Vestales
Romae sacrum perennemque ignem
seruabant. E Rhea Silvia, romana
uestali, nati sunt Romulus et Remus.

Nota prima declinationem		
Casus nominatiuus: Vestă	→	Vestă dea est
Casus uocatiuus: Vestă	→	O Vestă, ignem serua!
C. accusatiuus: Vestam	→	Vestales Vestam colebant
C. genetiuus: Vestae	→	Templum Vestae erat in foro
C. datiuus: Vestae	→	Vestales Vestae sacra faciebant
C. ablatiuus: Vestā	→	Nomen "Vestalis" a Vestā uenit.

Responde ad has quaestiones:

— Quis est Vesta?

— Quid est nomen Graecum Vestae?

— Quid tenet Vesta manu dextra?

— Ubi sedet Vesta?

— Ubi erat templum Vestae Romae?

— Qui seruabant ibi sacrum ignem?

— Ubi seruatur sacer ignis?

Neptunus stat, non sedet

ECCE NEPTVNVS

Hic est patruus mihi. Neptunus Saturni Rheaeque filius est. Hic est quoque frater Iouis, Iunonis et Vestae. Huic nomen Graecum Posidon (Ποσειδῶν) est. Neptunus maria et flumina regit. Hic stat in curru et tridentem manu sinistra tenet. Neptunus hoc tridente tempestates et suscitat et placat. Marini equi Neptunum super undis uehunt. Neptuni currus per undas currit. Nautae semper Neptuno sacra et preces dant. Neptunus equos amat.

Nota secundam declinationem		
C. nom.: Neptunus	→	Neptunus deus est
C. uoc.: Neptune	→	Neptune, mare et iras placa!
C. acc.: Neptunum	→	Equi Neptunum uehunt
C. gen.: Neptuni	→	Neptuni equi per mare currunt
C. dat.: Neptuno	→	Nautae Neptuno preces dant
C. abl.: Neptuno	→	Mare a Neptuno placatur

Responde ad has quaestiones:

— Quis est Neptunus?

— Quid est nomen Graecum Neptuno?

— Quid regit Neptunus?

— Ubi stat Neptunus?

— Quid tenet Neptunus manu sinistra?

— Qui uehunt Neptunum?

— Qui sacra Neptuno faciunt?

HIC EST PLVTO

Pluto stat, non sedet nec iacet

Hic patruus meus est. Pluto est frater Iouis, Iunonis, Vestae et Neptuni. Pluto Graece Haedes (Ἅιδης) uocatur. Graece 'Haedes' inuisibilis est. Nam Pluto galeam capite gestat quae hunc inuisibilem facit. Hic habet regnum subterraneum et super mortuos regnat. Hunc quoque Romani Ditem uocabant. Multae enim diuitiae sunt sub terra. 'Pluto' quoque est Graecum nomen et 'diues' uel 'Dis' significat. Pluto cornu copiae manu tenet ubi multae diuitiae sunt.

Nota tertiam declinationem

nom.: Pluto	→	Pluto deus inferorum est
uoc.: Pluto	→	O Pluto, diuitias da!
acc.: Plutonem	→	Romani Plutonem colebant
gen.: Plutonis	→	Regnum Plutonis tenebrosum est
dat.: Plutoni	→	Agricolae Plutoni preces dant
abl.: Plutone	→	Proserpina cum Plutone in infernis habitat

Responde ad has quaestiones:

— Quis est Pluto?

— Quid est nomen Graecum Plutoni?

— Quid gestat Pluto capite?

— Quid significat 'Haedes'?

— Ubi habet regnum Pluto?

— Quid significat 'Pluto'?

— Quid habet cornu Plutonis?

Grammatica

1. Tempus praesens passiuum

Infinitiuum	1ᵃ uocā-ri	2ᵃ habē-ri	4ᵃ audī-ri	3ᵃ mitt-ī	5ᵃ capī*
1	uoc-or	habe-or	audi-or	mitt-or	capi-or
2	uocā-ris	habē-ris	audī-ris	mitt-ĕ-ris*	capĕ-ris*
3	uocā-tur	habē-tur	audī-tur	mitt-ĭ-tur	capĭ-tur
1	uocā-mur	habē-mur	audī-mur	mitt-ĭ-mur	capĭ-mur
2	uocā-mini	habē-mini	audī-mini	mitt-ĭ-mini	capī-mini
3	uocā-ntur	habe-ntur	audi-u-ntur	mitt-u-ntur	capi-u-ntur

2. Nota uocem uerbi

Romani Iouem colunt (uox actiua) / Iuppiter <a Romanis> colitur (uox passiua)

Neptunus tempestates placat (uox actiua) /// Tempestates <a Neptuno> placantur (uox passiua)

3. Declinationes prima, secunda, tertia A&B

Numerus / Declinatio		1ᵃ	2ᵃ	3ᵃA	3ᵃB
Singularis					
nom.	quis?	puellă	amic-ŭ-s	pater	ignĭ-s
uoc.		puellă	amic-ĕ	pater	ignĭ-s
acc.	quem?	puella-m	amic-u-m	patr-em	igne-m
gen.	cuius?	puella-e	amic-ī	patr-īs	ignĭ-s
dat.	cui?	puella-e	amic-ō	patr-ī	ign-ī
abl.	quo?	puellă	amic-ō	patr-ĕ	ign-ī
Pluralis					
nom./uoc	qui?	puella-e	amic-ī	patr-es	ign-es
acc.	quos?	puellă-s	amic-ō-s	patr-es	ign- īs/es
gen.	quorum?	puellă-rum	amic-ōrum	patr-um	igni-um
dat./abl.	quibus?	puell-īs	amic-īs	patr-ībus	ignĭ-bus

4. Nota genus neutrum: nom. = acc. (nomen, sceptrum, templum, sacrum, flumen, mare, etc)

Iuppiter sceptrum (acc.) manu sinistra tenet // Sceptrum (nom.) manu sinistra tenetur

Neptunus mare (acc.) placat // Mare (nom.) placatur

Neptunus maria (acc.) placat // Maria (nom.) placantur

5. Nota neutra pluralia:

mare – maria / flumen – flumina / sceptrum –sceptra / sacrum -sacra

Numerus / Declinatio:		2ª	3ªA	3ªA	3ªB
Singularis					
nom./uoc	quid / quod?	**sacr-ŭ-m**	**fulmen**	**caput**	**mare** (marĭ-)
acc.	quid / quod?	sacr-ŭ-m	fulmen	caput	mare
gen.	cuius?	sacr-i	fulmĭn-ĭs	capĭt-ĭs	marĭ-s
dat.	cui?	sacr-ō	fulminī	capĭt-ī	marī
abl.	quo?	sacr-ō	fulmin-ĕ	capĭt-ĕ	marī
Pluralis					
nom./uoc	quae	sacr-ă	fulmĭn-ă	capĭt-ă	ign-es
acc.	quae	sacr-ă	fulmĭn-ă	capĭt-ă	ign- ĭs/es
gen.	quorum?	sacr-ōrum	fulmĭn-um	capĭt-um	igni-um
dat./abl.	quibus?	sacr-īs	fulmĭn-ĭbus	capĭt-ĭbus	ignĭ-bus

6. Nota coniunctiones

Iuno soror <u>et</u> coniux Iouis est

Iuno <u>et</u> soror <u>et</u> coniux Iouis est. Iuno soror coniux<u>que</u> Iouis est
Pluto <u>quoque</u> nomen Graecum est

Vesta <u>nec</u> uirum <u>nec</u> liberos habet

'Pluto' quoque est Graecum nomen et 'diues' <u>uel</u> 'Dis' significat

Romani Plutonem Ditem uocabant. Multae <u>enim</u> diuitiae sunt sub
terra (enim = nam)

7. Pronomen demonstratiuum (gen., dat. abl.)

Numerus / Genus		Masculinum	Femininum	Neutrum
Singularis				
	gen.	hu-ius	hu-ius	hu-ius
	dat.	hu-ic	hu-ic	hu-ic
	abl.	hō-c	hā-c	hō-c
Pluralis				
	gen.	hō-rum	hā-rum	hō-rum
	dat./ abl.	hīs	hīs	hīs

8. Adiectiua: declinationes. diuīnus, a, um / mortalis, -e

	Genus	masculinum	femininum	neutrum
		classis A		
Casus sing.				
	nominatiuus	diuīn-ŭ-s	diuīn-ă	diuīn-u-m
	uocatiuus	diuīn-ĕ	diuīn-ă	diuīn-u-m
	accusatiuus	diuīn-u-m	diuīn-a-m	diuīn -u-m
	genetiuus	diuīn-ī	diuīn-ae	diuīn-ī
	datiuus	diuīn -ō	diuīn-ae	diuīn-ō
	ablatiuus	diuīn-ō	diuīn-ā	diuīn- ō
plur.				
	nominatiuus	diuīn-ī	diuīn-a-e	diuīn- ă
	uocatiuus	diuīn-ī	diuīn-a-e	diuīn- ă
	accusatiuus	diuīn -ō-s	diuīn-ā-s	diuīn- ă
	genetiuus	diuīn-ōrum	diuīn-ārum	diuīn-ōrum
	datiuus	diuīn -īs	diuīn-īs	diuīn-īs
	ablatiuus	diuīn -īs	diuīn-īs	diuīn-īs

	Genus	animatum (masc. & fem.)	inanimatum (neutrum)
		classis B	
Casus sing.			
	nominatiuus	inmortalī-s	inmortalĕ
	uocatiuus	inmortalī-s	inmortalĕ
	accusatiuus	inmortal-em	inmortalĕ
	genetiuus	inmortal-īs	inmortal-īs
	datiuus	inmortal-ī	inmortal -ī
	ablatiuus	inmortal-ī	inmortal -ī
plur.			
	nominatiuus	inmortal-ēs	inmortalī-ă
	uocatiuus	inmortal-ēs	inmortalī-ă
	accusatiuus	inmortal-ēs	inmortalī-ă
	genetiuus	inmortalī-um	inmortalī-um
	datiuus	inmortalī-bŭs	inmortalī-bŭs
	ablatiuus	inmortalī-bŭs	inmortalī-bŭs

9. Nota concordantiam inter adiectiuum et substantiuum

   <u>Marini equi</u> Neptunum uehunt (marinus, marina, marinum)

   'Pluto' <u>Graecum nomen</u> est (Graecus, Graeca, Graecum)

   Vesta <u>manu dextrā</u> ramum tenet (dexter, dextra, dextrum)

   Vestales <u>sacrum perennemque ignem</u> seruabant (sacer, sacra, sacrum / perennis, perenne)

   Neptunus <u>manu sinistrā</u> tridentem tenet (sinister, sinistra, sinistrum)

10. De differentiis: ignis, / focus

    Focus est locus domi ubi ignis ardet

    Ignis ardet in foco

Pensa

1. Coniuga haec uerba praesenti tempore et actiua uoce

	uoco, -āre	seruo, -āre	sedeo -ēre	ueho, -ĕre	curro, - ĕre	sto, - āre
1						
2						
3						
1						
2						
3						

2. Iunge contraria

   diues   unda

   terra   uiuus

   suscitat   ascendit

   sedet   placat

   mortuus   stat

   descendit   pauper

3. Iunge columnas

soror patris	nauta
hic qui nauem uehit	matertera
soror matris	uirgo
femina quae non nubit	amita

4. Coniuga haec uerba praesenti tempore passiuo

placo, -āre	do, dāre	teneo -ēre	duco, -ĕre	dico, - ĕre	regno, - āre
1					
2					
3					
1					
2					
3					

5. Nominatiuus et accusatiuus. Fac sententias his uerbis:

— Dea – tenere – sceptrum →

— Homines – deus Pluto – colere →

— Pluto – diuitiae – dare →

— Romani – templum – facere →

— Virgo Vestalis –ignis – seruare →

— Equi – currus –uehere →

6. Comple sententias casu ablatiuo

— Vesta ....sedet (thronus)

— Neptunus tridentem .... tenet (manus sinistra)

— Pluto cornu copiae. ....tenet (manus dextra)

— Pluto galeam. ....gestat (caput)

— Equi Neptunum super... uehunt (undae)

7. Muta uocem sicut in exemplo:

Romani templum (acc. neutrum) aedificant → Templum aedificatur

Equi Neptunum (acc. masculinum) uehunt → Neptunus uehitur

— Homines deum colunt →

— Neptunus tempestates suscitat →

— Nautae preces dant →

— Romani Vestam colunt →

— Vestales perennem ignem seruant →

— Graeci Vestam Hestiam uocant →

8. Concordantia: fac concordantiam inter adiectituum et substantiuum sicut in exemplo

Dea inmortalis est / Deae inmortales sunt / Marini equi Neptunum uehunt / Rhea Siluia Romana Vestalis erat /

a) Adde desinentiam:

— Iuppiter inmortal... est (inmortalis, -e)

— Matronae Roman ....Iunonem colunt (Romanus, a, um)

— Iuppiter manu sinistr... fulmen tenet (sinister, sinistra, sinistrum)

— Iuppiter homines impi.............................castigat (impius, a, um)

— Dei et deae calest.................... in Olympo habitant (caelestis, -e)

b) Adde adiectituum:

— **Homines** non sunt ....(inmortalis, -e)

— Equi currunt super **undis** ....(marinus, a, um)

— Vestales **focos**… ....seruabant (perennis, -e)

— Galea **Plutonem** .... facit (inuisibilis, -e)

— **Dei** ....in Tartaro habitant (subterraneus, a, um)

— **Deae**.. in Olympo habitant (caelestis, -e)

— Haedes **nomen**..est. (Graecus, a, um)

— Hestia et Posidon **nomina**. .... sunt (Graecus, a, um)

III Patrui amitaeque (b) et frater Mars

HAEC EST CERES

quae amita mea est. Ceres est nomen Latinum huic, quae Graece Demeter uocatur. Ceres soror Iouis, Iunonis, Vestae, Neptuni et Plutonis est. Ceres spicas manu dextra tenet. Haec enim messes et fruges hominibus dat et agris fauet. Ceres Iouem amauit. Inde nascitur Proserpina, quae pulchra est. Pluto Proserpinam filiam uidet et miratur. Tunc hanc secum in Tartarum rapit et uxorem facit. Ibi Proserpina cum Plutone uiro sex menses habitat et regina mortuorum est; sex alios menses cum matre Cerere super terris habitat. Romani mense Aprili ludos Cereales uel Cerealia celebrant. Tum cursus in Circo sunt.

Nota rhotacismum		
Nom. Ceres		
Acc. *Ceres-em	→	Cererem
Gen. *Ceres-is	→	Cereris
Dat. *Ceres-i	→	Cereri
Abl. *Ceres-e	→	Cerere

Responde ad has quaestiones:

— Quis est Ceres?

— Quid tenet Ceres manu dextra?

— Cui fauet Ceres?

— Quis est nomen Graecum Cereri?

— Qui sunt fratres sororesque Cereri?

— Quem amat Ceres?

— Cui nupta est Proserpina?

— Quando Cerialia celebrantur?

HAEC EST VENVS

quam Graeci Aphroditam uocant. Haec amita mihi est. Haec nascitur uel oritur ex spumis marinis ad insulam Cytheram. Haec quoque Cytherea uocatur. Venus pulchra membra et pulchram faciem habet. Dei deaeque pulchram Venerem mirantur. Huic est filius Cupido. Venus et filius Cupido amorem mortalibus dant. Omnes amantes Vererem sequuntur et colunt. Venus nupta est Vulcano, sed haec multos deos et multos mortales amauit. E Venere et Anchisa nascitur Aeneas, qui pater Romanorum est. Venus myrtos et rosas colit et amat. Columbae Venerem aërio curru per caelum uehunt.

Nota rhotacismum et suffixum (-us/-es)

Nom. Ven-us		
Acc. *Ven-es-em	→	Venerem
Gen. *Ven-es-is	→	Veneris
Dat. *Ven-es-i	→	Veneri
Abl. *Ven-es-e	→	Venere

Responde ad has quaestiones:

— Quid est nomen Graecum Veneri?

— Unde nascitur Venus?

— Quid dat Venus mortalibus?

— Quam deam sequuntur amantes?

— Cui est uxor Venus?

— Quem deum amat Venus?

— Quas plantas uel arbores colit Venus?

— Qui uehunt currum Veneris?

Rhotacismus: iunge columnas

Ceres	honores
arbos	corpora
corpus	tempora
Venus	genera
honos	Cererem
latus	latera
genus	Veneres
tempus	arbores

ECCE MARS

qui Graece Ares (Ἄρης) uocatur. Hic frater meus est, sed non germanus. Nam huic mater est Iuno. Mars tristia bella et proelia amat. Omnes exercitus Martem sequuntur. Latinus Mars etiam agris, plantis et arboribus fauet. Hac causā mensis Martius nomen Martis habet. Mars deam Venerem amauit. Inde Harmonia filia nascitur. Mars quoque mortalem Rheam Siluiam amat, quae ab Aeneae gente erat. Inde nascuntur gemini Romulus et Remus. Romulus urbem Romam condit. Dea Venus et deus Mars sunt parentes populo Romano. Hi sunt dei inmortales. Dei inmortales nascuntur sed non moriuntur. Homines autem et semidei et nascuntur et moriuntur.

Nota 't' cum 's':		
Nom. *Mart-s	→	Mars
Acc. Mart-em		
Gen. Mart-is		
Dat. Mart-i		
Abl. Mart-e		

Responde ad has quaestiones:

— Quis est Mars?

— Unde nascitur Mars?

— Quid amat Mars?

— Quam deam amauit Mars?

— Cui etiam fauet Mars?

— Qui mensis nomen Martis habet?

— Quam mortalem amat Mars?

— Qui dei sunt parentes Romanis?

Grammaticam

1. Verba deponentia (uox media)

Coniugatio	1ª miror, mirā-ri	2ª fateor, fatē-ri	4ª orior, orī-ri	3ª nascor, nasc-ī	5ª morior, morī̆**
1	mir-or	fate-or	ori-or	nasc-or	mori-or
2	mirā-ris	fatē-ris	orī-ris	nasc-ĕ-ris*	morĕ-ris*
3	mirā-tur	fatē-tur	orī-tur	nasc-ĭ-tur	morī-tur
1	mirā-mur	fatē-mur	orī-mur	nasc-ĭ-mur	morī-mur
2	mirā-mini	fatē-mini	orī-mini	nasc-ī -mini	morī -mini
3	mira-ntur	fatē-ntur	ori-u-ntur	nasc-u-ntur	mori-u-ntur

2. Nota uocem mediam:

Mercurius animas in Tartarum ducit et animae Mercurium (acc.) <u>sequuntur</u>

Venus <u>nascitur</u> (intrans.) ex spumis marinis

Dei inmortales <u>nascuntur</u> (intrans.) sed non <u>moriuntur</u> (intrans.)

3. Pronomen relatiuum (tria genera: masculinum, femininum, neutrum / duo casus: nom. & acc.)

genus casus	Masculinum	Femininum	Neutrum
singularis			
nom.	qui	quae	quod
acc.	quem	quam	quod
pluralis			
nom.	qui	quae	quae
acc.	quos	quas	quae

4. Nota pronomen relatiuum

E Veneri et Anchise nascitur <u>Aeneas</u>, **qui** pater Romanorum est (nom.).

Haec est <u>Ceres</u>, **quae** Graece Demeter uocatur (nom.).

Haec est <u>Venus</u> **quam** Graeci Aphroditam uocant (acc.).

Hi sunt Iuppiter et Maia, **qui** parentes Mercurio sunt (nom.).

Hi sunt <u>Romulus et Remus</u>, **quos** Rhea Siluia e Marte procreauit (acc.).

5. Nota coniunctiones et…

Mense Aprili ludi Cereales <u>uel</u> Cerealia celebrantur

6. Aduerbia

   <u>Unde</u> nascitur Venus? Venus nascitur ex spumis marinis. <u>Inde</u> Venus nascitur.

   <u>Quando</u> celebrantur ludi Ceriales? -Mense Aprili

7. Datiuus casus

   7.a generalis: Ceres messes et fruges <u>hominibus</u> dat

   7.b. datiuus possessiuus: Quid est nomen <u>tibi</u> ? <u>Mihi</u> nomen est <u>Mercurio</u>. <u>Cui</u> est frater Mercurius ? Mercurius est frater <u>Marti</u>.

   7.c Faueo, fauere (cum datiuo): Ceres <u>agris</u> fauet

Pensa

1. Quis fauet cui? Iunge columnas:

Mars	agris
Ceres	matronis
Venus	pluuiae
Iuppiter	amori
Iuno	bellis

2. Quis dat quid cui ? Iunge columnas sicut in exemplo:

Iuppiter dat →	*pluuiam →*	*mortalibus*
Ceres dat	focum perennem	agricolis
Pluto dat	amorem	familiis
Venus dat	tristia bella	impiis hominibus
Iuppiter dat	diuitias	populis
Mars dat	poenas	amantibus
Vesta dat	spicas	terrae

3. Quis est quid cui? Iunge columnas sicut in exemplo:

Iuno	est	mater	Marti
Ceres		filius	Mercurio
Cupido		mater	Veneri
Iuppiter		frater	Neptuno
Ceres		filia	Proserpinae
Harmonia		amita	Marti

4. Iunge contraria

pax	nasci
pulcher	odium
amor	bellum
mori	tristis
laetus	foedus

5. Coniuga haec uerba deponentia praesenti tempore

uenor, -āri	osculor, -āri	loquor, -ī	sequor, sequī	patior, patī
1				
2				
3				
1				
2				
3				

6. Pronomen relatiuum (nominatiuus et accusatiuus). Comple sententias sicut in exemplo:

Venus est dea quae (= Venus) amorem dat / Venus est quam (= Venerem) amantes sequuntur

Ceres est dea ....agris fauet

Mercurius es deus ....animae sequuntur in Tartarum

Iuno est dea..matronae Romanae colunt

Iuppiter est deus..pluuiam dat

Mars est deus .... tristia bella et proelia amat

Neptunus est .... equi marini super undis uehunt

Vesta est dea ....sacrum et perennem ignem seruat

Pluto est.. regnum subterraneum habet

IV Fratres et sorores (a)

HIC EST VVLCANVS

quem Graeci Hephaestum uocant.

Hic est frater meus, sed non germanus.
Nam hic e Ioue et e Iunone natus est.
Vulcanus ignem et ferrum semper coluit. Hic
ingeniosus artifex est, sed claudicat pede
sinistro postquam Iuno hunc ex Olympo
demisist. Huius officina est in monte Aetna.
Ibi Vulcanus multa instrumenta fēcit, sicut
securim quam manu dextra tenet, et forcipem,
qui manu sinistra gestatur. Hic deus non equo
uehitur, sicut Neptunus, sed asino. Vulcanus
quoque Pandoram fecit, quae fuit prima mulier.

Latine responde:

Qui sunt parentes Vulcano?

Claudicatne Vulcanus pede dextro?

Vbi habet Vulcanus officinam?

Quae instrumenta Vulcanus fecit?

Quo modo Vulcanus uehitur?

Quis est Pandora?

DIANAM VIDES

Haec est soror mea, sed non germana. Diana
est nomen Latinum huic, quae Graece Artemis
(Ἄρτεμις) uocata est. Pater Iuppiter deam
Latonam amauit et cum ea concubuit. Inde
nati sunt gemini Diana et Apollo. Diana feras
amat. Diana arcum et sagittas semper secum
gestat. Nam haec in siluis habitat, et ibi feras
uenatur cum choro uirginum. Diana dea
uirgo est. Haec nuda in silua se lauabat cum
Actaeon uenator hanc uīdit. Tum Diana irata
est multum: Actaeon in ceruum mutatus est;
postea hic a suis canibus occiditur et uoratur.

Latine responde:

Estne Diana soror Mercurio?

Qui Dianam genuerunt?

Vbi habitat Diana?

Quid Diana amat?

Quis Dianam nudam uīdit?

Quis erat Actaeon?

Quid passus est Actaeon?

HIC EST APOLLO

Frater mihi est. Hunc deum et Graeci et Romani Apollinem semper uocauerunt. Hic est Iouis et Latonae filius et frater Dianae geminus. Apollo lyram manu sinistra tenet et libationem dextra facit. Arcum quoque Apollo habet et saepe sagittas et pestes in exercitus mittit. Saepe etiam Apollo Musas et harum choros in siluis lyrā mouet. Apollo Daphnen amauit, quae in laurum arborem mutata est. Daphne enim est Latine "laurus". Apollo etiam oracula et responsa hominibus dat. Celeber Sibylla Cumis habitabat quae Apollinis responsa dabat. Haec et uiam in Italiam Aeneae monstrauit. Romani ludos Apollinares mense Iulio magno cum gaudio semper celebrauerunt.

Latine responde:

Qui Apollinem genuerunt?

Quid mittit Apollo in exercitus?

Ubi habitabat Sibylla?

Cuius responsum Sibylla dedit?

Quem mouet Apollo in siluis?

Quae arbos ab Apolline amatur?

Quando Romani ludos Apollinares celebrant?

Grammatica

1. Tempus praeteritum perfectum. Vox actiua: nota suffixum et desinentia

Suffixum	−u− amā-re	−s− mitt-ĕ-re	reduplicatio da-re	uocalis longa făcĕ −re	sum, esse
1	ama-u-**i**	mi-s-i	de-d-i	fĕc-i	fu-i
2	ama-u-**isti**	mi-s-isti	de-d-isti	fĕc-isti	fu-isti
3	ama-u-**it**	mi-s-it	de-d-it	fĕc-it	fu-it
1	ama-u-**īmus**	mi-s-īmus	de-d-īmus	fĕc-īmus	fu-īmus
2	ama-u-**istis**	mi-s-istis	de-d-istis	fĕc-istis	fu-istis
3	ama-u-**ērunt**	mi-s-ērunt	de-d-ērunt	fĕc-ērunt	fu-ērunt

2. Tempus praeteritum perfectum. Vox passiua et media (uerba deponentia): participium + esse

occido, -ĕre, occisus	
s. 1 occisus, a, um sum	*p.* 1 occisi, ae, a sumus
2 occisus, a, um es	2 occisi, ae, a estis
3 occisus, a, um est	3 occisi, ae, a sunt

nascor, -ī, natus	
s. 1 natus, a, um sum	*p.* 1 nati, ae, a sumus
2 natus, a, um es	2 nati, ae, a estis
3 natus, a, um est	3 nati, ae, a sunt

3. Nota praeteritum perfectum uoce actiua, passiua et media:

Iuppiter multas deas amauit / Iuno Vulcanum ex Olympo demisit / Vulcanus Pandoram fecit

Daphne mutata est in laurum / Actaeon occisus est a suis canibus

Aeneas natus est / Inde nati sunt gemini Diana et Apollo / Diana irata est

4. Nota differentiam: saepe / semper

Vulcanus ignem et ferrum semper coluit

Apollo saepe sagittas et plagas in exercitus mittit (saepe = non semper)

5. Quarta declinatio

Numerus / Genus		Masculinum	Neutrum
singularis			
	nom./uoc.	exercitu-s	cornu
	acc.	exercitu-m	cornu
	gen.	exercitū-s	cornū-s
	dat.	exercitu-i	cornu-i
	abl.	exercitū	cornū
pluralis			
	nom./uoc	exercitūs	cornu-a
	acc.	exercitūs	cornu-a
	gen.	exercitu-um	cornu-um
	dat./abl.	exercit-ibus	corn-ibus

Nomina: manus, -us (fem.) / domus, -us (fem.) / currus, -us (masc.)

6. Nota coniuctiones

Hic deus non equo uehitur, <u>sicut</u> Neptunus, sed asino (modus, comparatio [sic ut])

<u>Cum</u> Diana in siluis se lauabat, tum Actaeon hanc uīdit (tempus)

7. Nota aduerbium interrogatiuum (uerbum+ne)

Est*ne* Mercurius frater Apollini? – Ita / Claudicatne Vulcanus pede dextro? – Non

Pensa

1. Praeteritum perfectum actiua uoce. Iunge columnas:

colo	concubui
sum	uīdi
uoro	fēci
mitto	uoraui
ueho	fui
duco	dedi
do	mīsi
concumbo	duxi
facio	colui
uĭdeo	uexi

2. Praeteritum perfectum . Vox passiua et media. Iunge columnas

patior	uenatus, a, um sum
occido	uoratus, &c sum
uenor	mortuus, &c sum
amo	amatus, &c sum
muto	uisus, &c sum
uĭdeo	passus, &c sum
morior	occisus, &c um
uoro	miratus, &c sum
miror	mutatus &c sum

3. Praeteritum perfectum actiuum: coniuga haec uerba

mitto, -ĕre	duco, -ĕre	do, dăre	facio, -ĕre	ueho, -ĕre
1				
2				
3				
1				
2				
3				

4. Praeteritum prefectum passiuum et medium (deponens): coniuga haec uerba

uenor, -ārī		sequor, sequī	
1 sg.	1 pl.	1 sg.	1 pl.
2	2	2	2
3	3	3	3

occido, -ĕre		amo, -āre	
1 sg.	1 pl.	1 sg.	1 pl.
2	2	2	2
3	3	3	3

morior, -orī		uoco, -āre	
1 sg.	1 pl.	1 sg.	1 pl.
2	2	2	2
3	3	3	3

5. Muta tempora praesentia in praeteritum perfectum sicut in exemplo:

Iuppiter multas deas amat → *Iuppiter multas deas amauit*

Matronae Romanae Iunonem colunt →

Iuppiter pluuiam de caelo mittit →

Marini equi Neptunum super undis uehunt →

Mercurius animas in Tartarum ducit →

Nautae preces Neptuno dant→

Vestales sacrum Vestae faciunt →

Actaeon Dianam in siluis uidet →

6. Muta tempora praesentia in praeteritum perfectum sicut in exemplo:

Actaeon occiditur a canibus suis → *Actaeon occisus est a canibus suis*

Diana feras in siluis uenatur →

Daphne in arborem mutatur →

Actaeon uoratur →

Actaeon mortem patitur →

Diana uidetur nuda in siluis →

E Venere et Anchise nascitur Aeneas →

Dei pulchram Venerem mirantur →

7. Genetiuus casus. Comple sententias:

— Iuppiter est pater Mercur ....

— Romulus et Remus liberi Mart .... sunt

— Securis et forceps sunt instrumenta Vulcan...................................

— Equi Neptun.. per mare currunt

— Vestales focum perennem Vest .... seruant

— Mars dux et rex exercit... est

— Palumbae currum Vene..uehunt

— Iunius est mensis Iuno ....

— Multi dei deaeque sunt liberi Iou...

— Proserpina est filia Cere...

8. Genetiuus pluralis: iunge columnas

— Iuppiter est pater   Graecorum

— Romulus fuit rex   frugum et agrorum

— Iuno est dea   amantium

— Mars est deus   matronarum Romanarum

— Alexander fuit rex   deorum dearumque

— Venus est dea   exercituum

— Ceres est dea   Romanorum

9. Nota coniugationes et differentiam (praesens, 1ª persona / infinitiuus)

	uocalis	consonans et semiconsonans (ĭ)
Vox actiua	-uoco, **uocā**-re (1ª) -teneo, **tenē**-re (2ª) -audio, **audī**-re (4ª)	-mitt-o, **mitt**-ĕ-re (3ª, ´-ĕre) **-capĭ**-o, cap-ĕ-re (5ª, ´-ĕre)-
Vox passiua	-uocor, **uocā**-rī (1ª) -teneor, **tenē**-rī (2ª) -audior, **audī**-rī (4ª)	-mitt-or, **mitt**-ī (3ª) **-capĭ**-or, cap-ī (5ª)
Vox media	-miror, **mirā**-rī (1ª) -fateor, **fatē**-rī (2ª) -orior, **orī**-rī (4ª)	-sequ-or, **sequ**-ī (3ª) **-morĭ**-or, mor-ī (5ª)

10. Distingue coniugationem:

-tenet   -uehĭtur

-claudicant   -currunt

-uenatur   -uocatur

-nascuntur   -mouet

V Fratres et sorores (b)

ECCE MINERVA

quam Graeci Athenam uocant. Haec
soror mea est sed non germana.
Hanc Iuppiter et Metis genuerunt.
Minerva non ex utero matris nata
est sed e capite Iouis, postquam hic
matrem uorauit. Erat enim oraculum
et Iuppiter multum timebat (reges
semper timent, quia multi sunt qui
regnum petunt). Post decem menses
Iuppiter iam parturiebat et eius caput
multum dolebat. Tum frater, Vulcanus
securi Iouis caput caedit et parua dea
e capite patris nascitur. Simul ac haec
nata est, Minerua magnum clamorem
belli dedit. Haec enim dea bellatrix
est. Haec galeam capite gestat; hastam
et scutum, quod Aegis uocatur,
manibus tenet. In hoc caput Medusae
est. Minerua quoque sapientiam
et multas artes mortalibus dedit.
Atheniensibus quoque oleam donauit,
quam haec multum amat. Olea est
huius arbos.

Latine responde:

Qui sunt parentes Mineruae?

Cur Iuppiter oraculum timebat?

Quo modo nata est Minerua?

Cur frater Vulcanus Iouis caput securi caedit?

Quid est Aegis? Quid habet Aegis?

Cui dedit Minerua artes?

Quid dedit Minerua Atheniensibus?

Quis a Ioue uoratur?

ECCE BACCHVS

Hic quoque frater meus est, sed non germanus. Nomen huic et Graecum et Latinum est Baccho, sed Dionysum quoque Graeci hunc uocant. Bacchus sedet et thyrsum hederamque manu dextra et poculum uini manu sinistra tenet. Bacchus natus est e Ioue et Semele, quae mortalis est. Cum Bacchus nascitur, Iuno irascitur multum. Tum Iuppiter puerum Bacchum in Nysam misit. Bacchus ibi uinum et uini culturam inuenit. Bacchus multas terras peragrauit et uinum et uitis culturam hominibus monstrauit. Cum Bacchus in ciuitates adueniebat, tum Bacchantes in montem ibant et ibi sacra Dionyso faciebant. Cum Bacchus Thebas aduenit, Pentheus rex Thebanorum haec sacra uetuit. Tum Bacchus furorem feminis Bacchantibus inmisit, quae Pentheum occiderunt. Apud Latinos hic etiam Liber pater appellatur. Romae Liberalia mense Martio celebrabantur. Vites et hederae sunt Bacchi plantae et his Bacchantes semper ornantur.

Latine responde:

Quid est nomen Graecum Libero?

Qui Bacchum genuerunt?

Quo Bacchus mittitur postquam natus est?

Quid Bacchus inuenit?

Cui Bacchus uinum monstrauit?

Quo ibant Bacchantes cum Bacchus in ciuitatem adueniebat?

Quis uetat Bacchi sacra?

Quo modo Pentheus mortuus est?

Grammaticam

1. Tempus imperfectum actiuum

Coniugatio	1ª uocā-re	2ª habē-re	4ª audī-re	3ª mitt-ĕ-re	5ª capĕ-re (capĭ -)
1	uoca-ba-m	habē-ba-m	audi-ē-ba-m*	mitt-ē-ba-m*	capi-ē-ba-m*
2	uoca-bā-s	habē-bā-s	audi-ē-bā-s	mitt-ē-bā-s	capi-ē-bā-s
3	uoca-ba-t	habē-ba-t	audi-ē-ba-t	mitt-ē-ba-t	capi-ē-ba-t
1	uoca-bā-mus	habē-bā-mus	audi-ē-bā-mus	mitt-ē-bā-mus	capi-ē-bā-mus
2	uoca-bā-tis	habē-bā-tis	audi-ē-bā-tis	mitt-ē-bā-tis	capi-ē-bā-tis
3	uoca-ba-nt	habē-ba-nt	audi-ē-ba-nt	mitt-ē-ba-nt	capi-ē-ba-nt

2. Tempus imperfectum passiuum

Coniugatio	1ª uocā-ri	2ª habē-ri	4ª audī-ri	3ª mitt-ī	5ª capī
1	uoca-ba-r	habē-ba-r	audī-ē-ba-r	mitt-ē-ba-r	capi-ē-ba-r
2	uoca-bā-ris	habē-bā-ris	audī-ē-bā-ris	mitt-ē-bā-ris	capi-ē-bā-ris
3	uoca-ba-tur	habē-ba-tur	audī-ē-ba-tur	mitt-ē-ba-tur	capi-ē-ba-tur
1	uoca-bā-mur	habē-bā-mur	audī-ē-bā-mur	mitt-ē-bā-mur	capi-ē-bā-mur
2	uoca-bā-mini	habē-bā-mini	audī-ē-bā-mini	mitt-ē-bā-mini	capi-ē-bā-mini
3	uoca-ba-ntur	habē-ba-ntur	audī-ē-ba-ntur	mitt-ē-ba-ntur	capi-ē-ba-ntur

3. Tempus imperfectum medium (deponens)

Coniugatio	miror, mirā-ri	fateor, fatē-ri	orior, orī-ri	nascor, nasc-ī	morior, morī**
1	mira-ba-r	fatē- bā-r	ori-ē-bā-r	nasc-ē-bā-r	morĭ-ē-bā-r
2	mirā-bā-ris	fatē- bā-ris	orī- ē-bā-ris	nasc-ē-bā-ris	morĭ-ē-bā-ris
3	mirā- bā-tur	fatē- bā-tur	orī- ē-bā-tur	nasc-ē-bā-tur	morĭ-ē-bā-tur
1	mirā- bā-mur	fatē- bā-mur	orī- ē-bā-mur	nasc-ē-bā-mur	morĭ-ē-bā-mur
2	mirā- bā-mini	fatē- bā-mini	orī- ē-bā-mini	nasc-ē-bā-mini	morĭ-ē-bā-mini
3	mira- bā-ntur	fatē- bā -ntur	ori- ē-bā-ntur	nasc-ē-bā-ntur	mori-ē-bā-ntur

4. Praeteritum plusquamperfectum

a) Tempus praeteritum plusquamperfectum. Vox actiua: nota suffixum et desinentia

Suffixum -erā-	−u− amā-re	−s− mitt-ĕ-re	reduplicatio da-re	uocalis longa făcĕ −re	sum, esse
1	ama-u-**era**-m	mi-s-era-m	de-d-era-m	fēc-era-m	fu-era-m
2	ama-u-**erā**-s	mi-s-erā-s	de-d-erā-s	fēc-erā-s	fu-erā-s
3	ama-u-**era**-t	mi-s-era-t	de-d-era-t	fēc-era-t	fu-era-t
1	ama-u-**erā**-mus	mi-s-erā-mus	de-d-erā-mus	fēc-erā-mus	fu-erā-mus
2	ama-u-**erā**-tis	mi-s-erā-tis	de-d-erā-tis	fēc-erā-tis	fu-erā-tis
3	ama-u-**era**-nt	mi-s-era-nt	de-d-era-nt	fēc-era-nt	fu-era-nt

b) Tempus praeteritum plusquamperfectum. Vox passiua et media (uerba deponentia): participium + esse

occido, -ĕre, occisus			
s.	1 occisus, &c eram	*P*	1 occisi, &c eramus
	2 occisus, &c eras		2 occisi, &c eratis
	3 occisus, &c erat		3 occisi, &c erant

nascor, -ī, natus			
s.	1 natus, &c eram	*p*	1 nati, &c eramus
	2 natus, &c eras		2 nati, &c eratis
	3 natus, &c erat		3 nati, &c erant

5. Locus ubi (casus locatiuus): (Roma, sing. > Romae / Cumae, pl. > Cumis (sine praepositionibus)

~~In Roma~~ Liberalia mense Martio celebrabantur → Romae Liberalia mense Martio celebrabantur

~~In Cumis~~ erat Sibylla Apollinis → Cumis erat Sibylla Apollinis (Cumae, pl.)

6. Nota differentiam

Ubi habitant dei caelestes?

In + ablatiuuo (locus ubi): Dei caelestes <u>in Olympo</u> habitant

Quo ducit animas Mercurius ?

In + accusatiuo (locus quo): Mercurius animas <u>in Tartarum</u> ducit

7. Locus quo: nota differentiam

Sibylla uiam <u>in Italiam</u> monstrauit (Italia, locus magnus, regio)

Bacchus <u>Thebas</u> aduenit (Thebae, locus paruus, ciuitas)

8. Locus unde: a, ab / e, ex / de + ablatiuus (a, e cum consonante / ab, ex cum uocali)

Romani Mensem Iunium a Iunone dicunt

Minerua non est nata ex utero matris sed e capite patris ([[→)

Mercurius de caelo descendit (↓)

9. Nota concordantiam

pater diuinus / familia diuina / genus diuinum // pater inmortalis / familia inmortalis / genus inmortale // patres diuini / familiae diuinae / genera diuina // patres inmortales / familiae inmortales / genera inmortalia, &c.

10. Nota praefixum

Bacchus furorem feminis Bacchantibus <u>in</u>misit (in+mitto)

Iuno Vulcanum ex Olympo <u>de</u>misit (de+mitto)

Bacchus Thebas <u>ad</u>uenit (ad+uenio)

11. Nota differentiam

<u>Cum</u> Bacchus nascitur, Iuno irascitur (cum = tempus)

<u>Postquam</u> Bacchus nascitur, Iuno irascitur (postquam = tempus post)

<u>Simul ac</u> Bacchus nascitur, Iuno irascitur. (simul ac = ipso facto)

12. Nota differentiam: nunc / tum (tunc)

Nunc finis erit (nunc = tempus praesens)

<u>Cum</u> Bacchus natus est Iuno irata est. <u>Tum</u> Iuppiter puerum Bacchum in Nysam misit (tum = praeteritum tempus)

13. Nota *gen- / *gn-: gigno, gignere, genui / genus, generis / (g)nasc-or, (g)na-tus sum

Iuppiter et Iuno Vulcanum et Martem <u>genuerunt</u>

Aeneas <u>natus est</u> e Venere

<u>Genus</u> Romanum diuinum est

Pensa

1. Coniuga haec uerba imperfecto tempore

	do, dăre	duco, -ĕre	uenor, -āri	facio, -ĕre	sequor, -ī
1					
2					
3					
1					
2					
3					

2. In + accusatiuus / in + ablatiuus ? Comple sententias:

— Iuppiter filium Bacchum in .... misit (Nysa, ae)

— Proserpina in.......................... cum coniuge habitat (Tartarus, -i)

— Mercurius in ....ascendit (Olympus, -i)

— Bacchantes in ....ibant (mons, montis)

— Iuppiter Mercurium in..mittit (terra, ae)

3. In + accusatituus / accusatiuus? Comple sententias

— Mercurius animas .... Tartarum ducit

— Bacchus .... Thebas aduenit

— Aeneas ....Cumas uenit

— Exercitus..Romam non intrabant

— Daphne...laurum arborem mutata est

4. In + ablatiuus / locatiuus? Comple sententias:

— ....dei deaeque caelestes habitabant (Olympus, -i)

— .... multa templa deorum erant (Roma, ae)

— Multae ciuitates sunt..(Italia, ae)

— Sibylla responsa Apollinis .... dabat (Cumae, -arum)

— Bacchus natus est.. (Thebae, -arum)

5. E, ex + ablatiuus / de + ablatiuus? Comple sententias:

— Minerua nata est .... capite Iouis.

— Iuppiter .... caelo fulmen mittit.

— Apollo natus est ....Ioue et Latona.

— Bacchus .... Nysa Thebas uenit.

— Iuppiter .... aureo throno descendit

6. Fac concordantiam inter substantiuum et adiectiuum

— Mars funest......... bella et trist ....proelia amat

— Neptunus uehebatur curru equorum marin....................................

— Minerua mult...... artes hominibus mortal.............................dedit

— Apollo in siluis choros uirginum pulchr............................mouet

— Equi uehunt currum Neptuni per undas marin ....

— Iuppiter in Olympo habitat cum deis inmortal ....

— Haec sunt instrumenta artificis ingenios........................... Vulcani

— Proserpina in Tartaro cum populo tenebros...................... habitat

Romani menses et fasti

Ianuarius	Februarius	Martius	Aprilis
		Liberalia	*Ludi Megalenses* *Ludi Cereales*
Maius	Iunius	Iulius	Augustus
		Ludi Apollinares	
September	October	Nouember	December
			Io Saturnalia!

Haec est Rhea, quae auia mihi est. Rhea est filia Caeli Terraeque ac soror uxorque Saturni. Rhea multos liberos, hoc est, filias et filios, Saturno peperit, sed Saturnus has et hos omnes uorabat quia oraculum timebat. Rhea mater tristis erat et multum dolebat. Tum irata est et dolum Saturno parauit. Saturnus Hestiam, Cererem, Iunonem, Plutonem et Neptunum iam uorauerat cum Rhea Iouem peperit. Rhea tum uoluit Iouem seruare et pro Ioue saxum Saturno dedit. Simul ac Saturnus saxum uorauit, Iuppiter in insulam Cretam missus est et ibi creuit. Postquam Iuppiter ad aetatem adultam peruēnerat, patrem e regno expulit et fuit rex deorum. Rheam Romani Magnam Matrem uocabant et Ludos Megalenses mense Aprili celebrabant. Μεγάλη est enim 'magna'. His ludis comoediae et tragoediae agebantur.

7. Eualuatio finalis. Comple sententias:

De infantia Iouis

Iupiter nat............ est e Saturn........ patre et Rhea matr...... Hi sunt mihi auus et au..... . Saturnus apud Graec.... Cronus uoca....... Saturnus patr...... Caelum e regno expul.... et fuit rex. Saturnus tunc omnes fili... et fili..... uorabat simul ac hi et hae nasceba........ Nam Saturnus timebat hoc quod patri fecerat. Cum Iupiter nascitur, Rhea mater saxum Saturn... pro filio dedit. Tum Saturnus sax..... uorauit. Rhea puerum Iouem .... insulam Cretam mittit et ibi Iupiter crescit.

Saturnus et Saturnalia

Saturnus, postquam ex Olymp..... expuls..... est, habitauit in in Latio.
Hic ibi latuit et Lati..... nomen dedit. Nam Latium a 'latere' uenit. Ibi
Saturno agr... cultura..... docuit et aetatem auream homin....... dedit.
Tum omnes homines uiueba..... laet..... nec erat differenti..... inter
homines. Romani mens.... Decembri Saturnalia celebraba...... Hi tum
conuiuia agitabant et dona amic.... dabant. Omnes pileum cap......
gestabant et omnis homo, liber an seruus, deu.... Saturn......... colebat.

De raptu Proserpinae

Cum Proserpina flores in monte Aetna legeba.......... tum Pluto uenit
et ha.......... rapuit. Ceres mater filia.......... terra marique quaesiuit.
Ceres filiam inuenit in Tartaro tenebros.......... cum Pluton.......... fratre.
Soror et frater ita conuenerunt: Proserpina sex mens.......... apud uirum
Pluton.......... erit et sex menses apud Cererem matr..........

Iam multum de mea familia narraui. Nunc finis erit. Sed, si uis, postea
multas alias fabulas de mea familia diuina narrare possum.

auia   auus

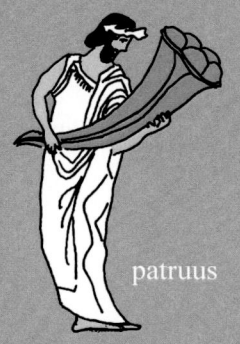

patruus

amita

Familia deorum
Familia diuina

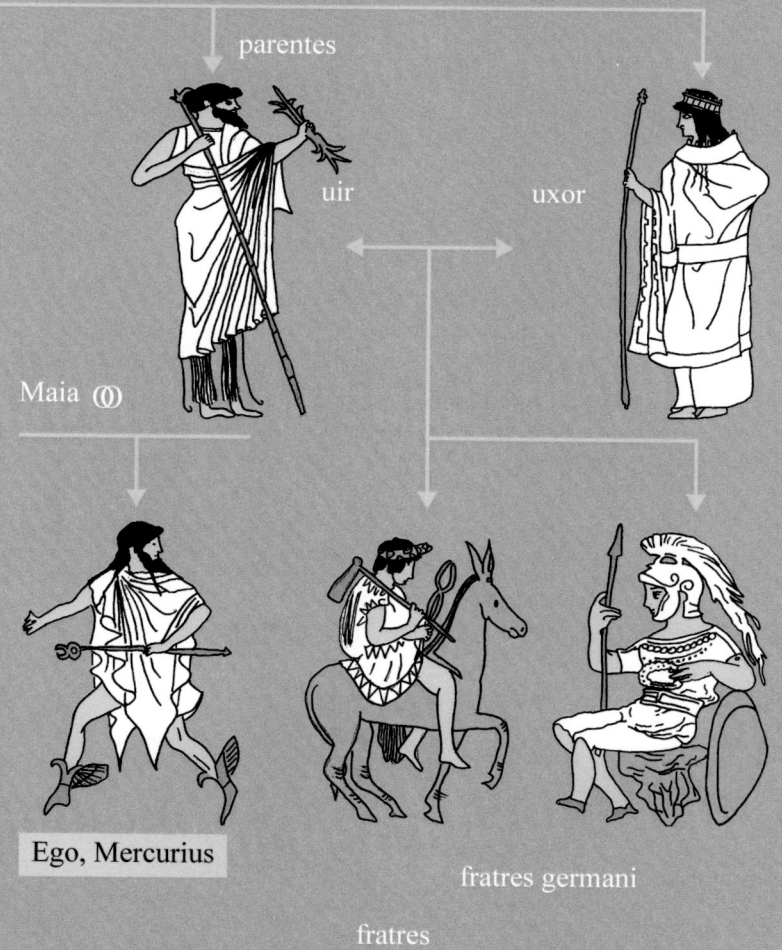

parentes

uir   uxor

Maia ⊕

Ego, Mercurius

fratres germani

fratres

GLOSSARIUM

A

a / ab
Actaeon, Actaeonis
aduenio, aduenīre, aduēni,
    aduentum
adultus, adulta, adultum
Aegis, Aegidis
Aeneas, Aeneae
aërius, aëria, aërium
Aetna, Aetnae
aetas, aetatis
ager, agri
agito, agitāre, agitaui, agitatum
ago, agĕre, egi, actum
ala, alae
alius, alia, aliud
amans, amantis
amita, amitae
amo, amāre, amaui, amatum
amor, amoris
Anchises, Anchisae
anima, animae
Aphrodita, Aphroditae
Apollinaris, Apollinare
Apollo, Apollinis
appello, appellāre, appellaui,
    appellatum
apud
aquila, aquilae
arbos, arboris
arcus, arcus
Ares (Ἄρης)
ars, artis
Artemis (Ἄρτεμις)
artifex, artificis
asinus, asini
Athena, Athenae
audio, audīre, audiui, auditum
auia, auiae
auis, auis
aureus, aurea, aureum
autem
auus, aui

B

Bacchas, Bacchantis
Bacchus, Bacchi
bellatrix, bellatricis
bellum, belli

C

caducaeum, caducaei
caedo, caedĕre, caedi, caesum
caelum, caeli
canis, canis
caput, capitis
castigo, castigāre, castigaui,
    castigatum
causa, causae
celeber, celebre
celebro, celebrāre, celebraui,
    celebratum
Ceres, Cereris
Cerealis, Cereale
ceruus, cerui
chorus, chori
circus, circi
ciuitas, ciuitatis
clamor, clamoris
claudico, claudicāre, claudicaui,
    claudicatum
colo, colĕre, colui, cultum
columba, columbae
comoedia, comoediae
concumbo, concumbĕre, concubui,
    concubitum
condo, condĕre, condidi, conditum
coniux, coniugis
conuiuium, conuiuii
copia, copiae
cornu, cornus
corona, coronae
cresco, crescĕre, crēui, cretum
cultura, culturae
cum
Cumae, Cumarum (pl.)
Cupido, Cupidinis

cura, curae
curro, currĕre, cucurri, cursum
currus, currus
cursus, cursus
Cythera, Cytherae

D

Daphne, Daphnes
de
dea, deae
descendo, descendĕre, descendi,
    descensum
deus, dei
dexter, dextra, dextrum
Diana, Dianae
dico, dicĕre, dixi, dictum
differentia, differentiae
Dionysus, Dionysi
Dis, Ditis
diues, diuitis
diuitiae, diuitiarum (pl.)
do, dare, dedi, datum
doleo, dolēre, dolui
dolus, doli
domus, domi
dono, donāre, donaui, donatum
donum, doni
duco, ducĕre, duxi, ductum

E

e / ex
ecce
ego, me, mihi
enim
eo, īre, iui / ii, itum
equus, equi
et
etiam
exercitus, exercitus
expello, expellĕre, expuli, expulsum
exul, exulis

F

facies, faciei
facio, facĕre, fēci, factum

familia, familiae
faueo, fauēre, faui, fautum
femina, feminae
fera, ferae
ferrum, ferri
filia, filiae
filius, filii
flumen, fluminis
focus, foci
forceps, forcipis
forum, fori
frater, fratris
fruges, frugum (pl.)
fulmen, fulminis
furor, furoris

G

galea, galeae
gaudium, gaudii
geminus, gemina, gemini
gens, gentis
germanus, germana, germanum
gesto, gestāre, gestaui, gestatum
gigno, gignĕre, genui, genitum
glomero, glomerāre, glomeraui,
    glomeratum
Graece
Graecus, Graeca, Graecum

H

habeo, habēre, habui, habitum
habito, habitāre, habitaui, habitatum
Harmonia, Harmoniae
hasta, hastae
hedera, hederae
Hephaestus
Hera, Herae
Hermes
Hestia, Hestiae
hic, haec, hoc
homo, hominis

I

iaceo, iacēre, iacui
ibi

ignis, ignis
impius, impia, impium
in
inde
ingeniosus, ingeniosa, ingeniosum
ingenuus, ingenua, ingenuum
inmitto, inmittĕre, inmisi, inmissum
inmortalis, inmortale
instrumentum, instrumenti
insula, insulae
inuenio, inuenīre, inueni, inuentum
inuisibilis, inuisibile
irascor, irasci, iratus sum
Italia, Italiae
Iulius, Iulia, Iulium
Iunius, Iunia, Iunium
Iuno, Iunonis
Iuppiter, Iouis
iuuenis, iuuenis

L

laetus, laeta, laetum
lateo, latēre, latui
Latine
Latinus, Latina, Latinum
Latona, Latonae
lauo, lauāre, laui, lautum / lotum
laurus, lauri
libatio, libationis
Liber, Liberi
Liberalis, Liberale
liber, libera, liberum
liberi, liberorum (pl.)
littera, litterae
ludus, ludi
lyra, lyrae

M

magnus, magna, magnum
manus, manus
mare, maris
marinus, marina, marinum
Mars, Martis
Martius, Martia, Martium
mater, matris

matrona, matronae
Medusa, Medusae
Megalensis, Megalense
membrum, membri
mensis, mensis
Mercurius, Mercurii
messis, messis
Metis, Metis
meus, mea, meum
Minerua, Mineruae
miror, mirāri, miratus sum
mons, montis
monstro, monstrāre, monstraui,
    monstratum
morior, mori, mortuus sum
mortalis, mortale
mortuus, mortua, mortuum
moueo, mouēre, moui, motum
mulier, mulieris
multus, multa, multum
Musa, Musae
muto, mutāre, mutaui, mutatum
myrtus, myrti

N

nam
nascor, nasci, natus sum
nauta, nautae
nec / neque
Neptunus, Neptuni
nomen, nominis
non
nos, nostri/nostrum, nobis
nouerca, nouercae
nubes, nubis
nubo, nubĕre, nupsi, nuptum
nudus, nuda, nudum
Nysa, Nysae

O

occido, occidĕre, occidi, occisum
officina, officinae
olea, oleae
Olympus, Olympi
omnis, omne

oraculum, oraculi
orior, orīri, ortus sum

P

Pandora, Pandorae
parens, parentis
pario, parĕre, peperi, partum
paro, parāre, paraui, paratum
parturio, parturīre, parturiui
paruus, parua, paruum
pater, patris
patior, patī, passus sum
patruus, patrui
pauo, pauonis
Pentheus, Penthei
per
peragro, peragrāre, peragraui,
    peragratum
perennis, perenne
pes, pedis
peto, petĕre, petīui, petitum
pileus, pilei
planta, plantae
postea
peto, petĕre, petīui, petitum
placo, placāre, placaui, placatum
planta, plantae
Pluto, Plutonis
pluuia, pluuiae
poculum, poculi
populus, populi
Posidon, Posidonis (Ποσειδῶν)
postquam
prex, precis
primus, prima, primum
proelium, proelii
Proserpina, Proserpinae
puer, pueri
pulcher, pulchra, pulchrum

Qu

quaero, quaerĕre, quaesīui,
    quaesitum
que (-que)

qui, quae, quod
quis, quae, quid?
quoque

R

ramus, rami
regina, reginae
regnum, regni
rego, regĕre, rexi, rectum
Remus, Remi
responsum, responsi
rex, regis
Rhea, Rheae
Roma, Romae
Romanus, Romana, Romanum
Romulus, Romuli
rosa, rosae

S

sacer, sacra, sacrum
sacrum, sacri
saepe
sagitta, sagittae
sapientia, sapientiae
Saturnus, Saturni
sceptrum, sceptri
scutum, scuti
se, sibi, secum
securis, securis
sed
sedeo, sedēre, sedi, sessum
Semele, Semeles
semideus, semidei
semper
sequor, sequi, secutus (sequutus)
    sum
seruo, seruāre, seruaui, seruatum
Sibylla, Sibyllae
sicut
silua, siluae
Siluia, Siluiae
sinister, sinistra, sinistrum
soror, sororis
spica, spicae
spuma, spumae

sto, stāre, steti, statum
sub
subterraneus, subterranea,
    subterraneum
sum, esse
super
suscito, suscitāre, suscitaui,
    suscitatum
suus, sua, suum

T

Tartarus, Tartari
tempestas, tempestatis
tempus, temporis
teneo, tenēre, tenui
terra, terrae
Thebae, Thebarum (pl.)
Thebanus, Thebana, Thebanum
thronus, throni
thyrsus, thyrsi
timeo, timēre, timui
tonitrus, tonitrus
tragoedia, tragoediae
tridens, tridentis
tristis, triste
tu, te, tibi, te
tum
tunc

U

ubi
unda, undae

urbs, urbis
uterus, uteri
uxor, uxoris

V

ueho, uehĕre, uexi, uectum
uel
uenator, uenatoris
uenio, uenīre, uēni, uentum
uenor, uenāri, uenatus sum
Venus, Veneris
Vestalis, Vestalis
ueto, uetāre, uetui, uetitum
uia, uiae
uideo, uidēre, uīdi, uisum
uinum, uini
uir, uiri
uirgo, uirginis
uitis, uitis
uiuo, uiuĕre, uixi, uictum
uoco, uocāre, uocaui, uocatum
uolo, uelle, uolui
uoro, uorāre, uoraui, uoratum
uos, uestri / uestrum, uobis
Vulcanus, Vulcani

Z

Zeus